# ដើមឈើ

ដោយ Usha Rane

គូររូបដោយ Ketan Raut

Library For All Ltd.

# ដើមឈើ

# ដើមឈើ

នេះគឺជាដើមឈើមួយដើម។
ដើមឈើដុះនៅលើដី។
ហើយស្លាបែកងខ្ទីក៏ដុះនៅជុំវិញដែរ។

នេះគឺជាដើមឈើមួយដើម។
ដើមឈើដុះនៅលើដី។
ឫសវានៅក្នុងដី។
ហើយស្ពៅបៃតងខ្ចីក៏ដុះនៅជុំវិញដែរ។

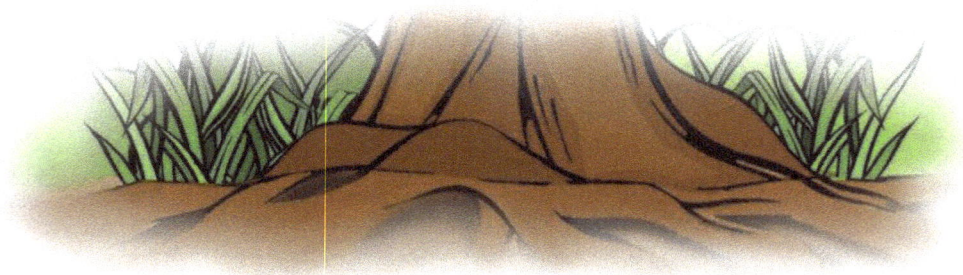

នេះគឺជាដើមឈើមួយដើម។
ដើមឈើដុះនៅលើដី។
ឬសវានៅក្នុងដី។
ដីគ្រប់ដណ្ដប់ឬសនោះ។
ហើយស្មៅបៃតងខ្ចីក៏ដុះនៅជុំវិញដែរ។

នេះគឺជាដើមឈើមួយដើម។
ដើមឈើដុះនៅលើដី។
ឫសវានៅក្នុងដី។
ដីគ្រប់ដណ្ដប់ឫសនោះ។
ដើមដុះត្រង់ខ្លួស់។
ហើយស្លៀបែតងខ្ទីក៏ដុះនៅជុំវិញដែរ។

នេះគឺជាដើមឈើមួយដើម។
ដើមឈើដុះនៅលើដី។
ឬសវានៅក្នុងដី។
ដីគ្របដណ្ដប់ឬសនោះ។
ហើយស្មៅបៃតងខ្ចីក៏ដុះនៅជុំវិញដែរ។

នេះគឺជាដើមឈើមួយដើម។
ដើមឈើដុះនៅលើដី។
ឫសវានៅក្នុងដី។
ដីគ្រប់ដណ្ដប់ឫសនោះ។
ដើមដុះត្រង់ខ្លួស់។
ហើយស្ដៅបែតងខ្ទីក៏ដុះនៅជុំវិញដែរ។

នេះគឺជាដើមឈើមួយដើម។
ដើមឈើដុះនៅលើដី។
ប្ញសវានៅក្នុងដី។
ដីគ្រប់ដណ្ដប់ប្ញសនោះ។
ដើមដុះត្រង់ខ្លួស់។
ហើយមែកដុះចេញពីដើម។
ហើយស្លៅបៃតងខ្ចីក៏ដុះនៅជុំវិញដែរ។

នេះគឺជាដើមឈើមួយដើម។
ដើមឈើដុះនៅលើដី។
ឫសវានៅក្នុងដី។
ដីគ្របដណ្ដបឫសនោះ។
ដើមដុះត្រង់ខ្លស់។
មែកដុះចេញពីដើម
ហើយស្លឹកលាស់ចេញពីមែក
ហើយស្លៅបែតងខ្ចីក៏ដុះនៅជុំវិញដែរ។

នេះគឺជាដើមឈើមួយដើម។
ដើមឈើដុះនៅលើដី។
ឫសវានៅក្នុងដី។
ដីគ្រប់ដណ្ដប់ឫសនោះ។
ដើមដុះត្រង់ខ្លួស់។
មែកដុះចេញពីដើម។
ស្លឹកលាស់ចេញពីមែក
ហើយផ្ការីកក្បៀរស្លឹក
ហើយស្ពៅបៃតងខ្ចីក៏ដុះនៅជុំវិញដែរ។

នេះគឺជាដើមឈើមួយដើម។
ដើមឈើដុះនៅលើដី។
ឬសវានៅក្នុងដី។
ដីគ្របដណ្តប់ឬសនោះ។
ដើមដុះក្រង់ខ្លាស់។
មែកដុះចេញពីដើម។
ស្លឹកលាស់ចេញពីមែក ។
ផ្កាវិកក្បេរស្លឹក។
ហើយផ្លែកើតចេញពីផ្កា
ហើយស្តៅបែកងខ្ទីក៏ដុះនៅដុំវិញ្ញដែរ។

នេះគឺជាដើមឈើមួយដើម។
ដើមឈើដុះនៅលើដី។
ឫសវានៅក្នុងដី។
ដីគ្រប់ដណ្ដប់ឫសនោះ។
ដើមដុះត្រង់ខ្លួស់។
មែកដុះចេញពីដើម។
ស្លឹកលាស់ចេញពីមែក ។
ផ្កាវិកក្បែរស្លឹក។ ផ្លែកើតចេញពីផ្កា។
ហើយក្នុងផ្លែនោះមានគ្រាប់។
ហើយស្ដៅបែតងខ្ទីក៏ដុះនៅជុំវិញដែរ។

មិនយូរប៉ុន្មាន...រុក្ខជាតិតូចៗ
នឹងដុះចេញពីគ្រាប់នោះ។
ថ្ងៃណាមួយវានឹងក្លាយជាដើមឈើ។
ហើយស្តៅបែកខ្ចីក៏ដុះនៅជុំវិញដែរ។

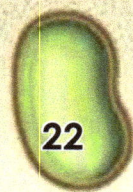

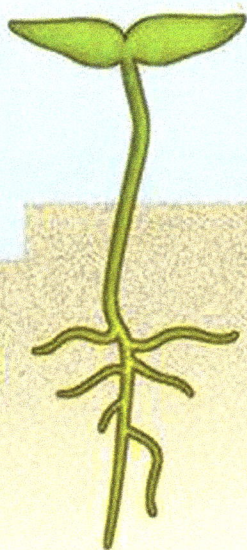

# អ្នកអាចប្រើសំណួរទាំងនេះដើម្បីនិយាយអំពីសៀវភៅនេះជាមួយគ្រួសារ មិត្តភក្តិ និងគ្រូរបស់អ្នក។

តើអ្នកបានរៀនអ្វីខ្លះពីសៀវភៅនេះ?

ពិពណ៌នាសៀវភៅនេះក្នុងមួយពាក្យ។ កំប្លែង? គួរឱ្យខ្លាច? ចម្រុះពណ៌? គួរឱ្យចាប់អារម្មណ៍?

តើសៀវភៅនេះធ្វើឱ្យអ្នកមានអារម្មណ៍យ៉ាងណាពេលអានចប់?

តើមួយណាជាផ្នែកដែលអ្នកចូលចិត្តជាងគេនៃសៀវភៅនេះ?

ទាញយកកម្មវិធីអ្នកអានរបស់យើង។
**getlibraryforall.org**

# អំពីអ្នករួមចំណែក

បណ្ណាល័យសម្រាប់ទាំងអស់គ្នា ធ្វើការជាមួយអ្នកនិពន្ធ
និងអ្នកគំនូរមកពីជុំវិញពិភពលោក ដើម្បីបង្កើតរឿងប្លែកៗ
ពាក់ព័ន្ធ និងគុណភាពខ្ពស់សម្រាប់អ្នកអានវ័យក្មេងៗ។

សូមចូលមើលគេហទំព័រ libraryforall.org សម្រាប់ព័ត៌មាន
ចុងក្រោយបំផុតអំពីព្រឹត្តិការណ៍សិក្ខាសាលារបស់អ្នកនិពន្ធ
គោលការណ៍ណែនាំការដាក់ស្នើ និងឱកាសថ្មីៗប្រឌិតផ្សេងទៀត។

# តើអ្នកចូលចិត្តសៀវភៅនេះទេ?

យើងមានរឿងដើមដែលរៀបចំដោយអ្នកជំនាញរាប់រយ រឿងទៀតដើម្បីជ្រើសរើស។

យើងធ្វើការក្នុងភាពជាដៃគូជាមួយអ្នកនិពន្ធ អ្នកអប់រំ ទីប្រឹក្សាវប្បធម៌ រដ្ឋាភិបាល និង NGOs ដើម្បីនាំមកនូវ សេចក្តីវិករាយនៃការអានដល់កុមារគ្រប់ទីកន្លែង។

# តើអ្នកដឹងទេ?

យើងបង្កើតផលប៉ះពាល់ជាសាកលក្នុងវិស័យទាំងនេះ ដោយប្រកាន់យកគោលដៅអភិវឌ្ឍន៍ប្រកបដោយចីរភាព របស់អង្គការសហប្រជាជាតិ។

library for all.org